NOUVEL ABÉCÉDAIRE

DE LA

MORALE EN ACTION,

ORNÉ DE 25 FIGURES.

Ce premier moraliste a dit :

Le soupçon quelquefois plane sur l'innocence ;
Suspends ton jugement jusqu'à l'arrêt légal,
Ne condamne jamais sur la simple apparence,
Sois prompt à croire au bien et lent à croire au mal.

NOUVEL
ABÉCÉDAIRE

DE LA

MORALE EN ACTION,

OU

PREMIÈRE NOURRITURE DE L'ESPRIT,

CONTENANT

L'Alphabet, les Syllabes, diverses Combinaisons qui rendent tous les sons naturels de la langue, et suivi d'un choix de petits Contes, Fables, Historiettes, Dialogues, etc., propres à être mis entre les mains des enfants des deux sexes et de tout âge.

ORNÉ DE 25 FIGURES GRAVÉES.

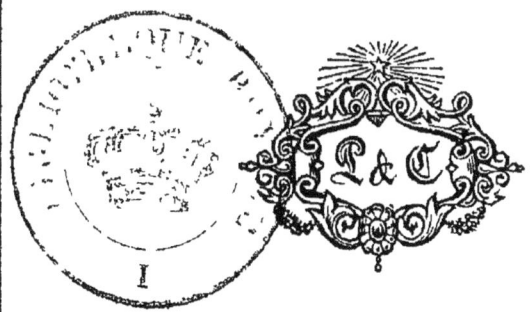

ÉPINAL,

PELLERIN ET Cie, IMPRIMEURS-LIBRAIRES.

MAJUSCULES.

A	B	C	D	E
F	G	H	I	J
K	L	M	N	O
P	Q	R	S	T
U	V	X	Y	Z

MINUSCULES.

a	b	c	d	e
f	g	h	i	j
k	l	m	n	o
p	q	r	s	t
u	v	x	y	z

Lettres italiques.

A B C D E F
G H I J K L M
N O P Q R S T
U V W X Y Z.

a b c d e f g h
i j k l m n o p
q r s t u v w x
y z ç œ œ.

CHIFFRES.

1, 2, 3, 4, 5, 6, 7, 8, 9, 0.

Lettres voyelles accentuées.

é (aigu).
à è ù (graves).
â ê î ô û (circonflexes).
ë ï ü (tréma).

SYLLABÉ,

ou

TABLEAU COMPARATIF D'ARTICULATION.

ba	be	bé	bè	bi	bo	bu	bou	boi
	beu	bei	bei	by	bau			
	bœu	bai	bai		beau			

ma	me	mé	mè	mi	mo	mu	mou	moi
	meu	mei	mei	my	mau			
	mœu	mai	mai		meau			

pa	pe	pé	pè	pi	po	pu	pou	poi
	peu	pei	pei	py	pau			
	pœu	pai	pai		peau			

ça	ce	cé	cè	ci	ço	çu	çou	çoi
	ceu	cei	cci	cy	çau			
		çai	çai		ceau			

sa	se	sé	si	so	su	sou	soi
	seu	sei	sei	sy	sau		
	sœu	sai	sai		seau		

ca	cue			co	cu	cou	coi
	cœu			cau			

qua	que	qué	què	qui	quo	quu	quou	quoi
	queu	quei	quei					
		quai	quai					

gea	ge	gé	gè	gi	geo	geu	geou	geoi
		gei	gei	gy	geau			
		geai	geai					

ja	je	jé	jè	ji	jo	ju	jou	joi
	jeu	jei	jei	jy	jau			
		jai	jai		jeau			

gua	gue	gué	guè	gui	go	gu	gou	goi
	gueu	gai	gai		gau			

da	de	dé	dè	di	do	du	dou	doi
	deu	dei	dei	dy	dau			
		dai	dai		deau			

na	ne	né	nè	ni	no	nu	nou	noi
	neu	nei	nei	ny	nau			
	nœu	nai	nai		neau			

1.

ta	te	té	tè	ti	to	tu	tou	toi
	teu	tci	tei	ty	tau			
		tai	tai		teau			

ra	re	ré	rè	ri	ro	ru	rou	roi
	reu	rei	rei	ry	rau			
		rai	rai		reau			

fa	fe	fé	fè	fi	fo	fu	fou	foi
pha	feu	fei	fei	fy	fau	phu	phou	phoi
	pheu	fai	phai	phy	feau			
		phé	phè	phi	pho			

va	ve	vé	vè	vi	vo	vu	vou	voi
	veu	vei	vei	vy	vau			
	vœu	vai	vai		veau			

xa	xe	xé	xè	xi	xo	xu	xou	xoi
	xeu	xei	xci	xy	xau			
		xai	xai		xeau			

za	ze	zé	zè	zi	zo	zu	zou	zoi
	zeu	zei	zei	zy	zau			
		zai	zai		zeau			

ha	he	hé	hè	hi	ho	hu	hou	hoi
	heu	hei	hei	hy	hau			
		hai	hai		heau			

cho	che	ché	chè	chi	cho	chu	chou	choi
	cheu	chei	chei	chy	chau			
		chai	chai		cheau			

gna	gne	gné	gnè	gni	gno	gnu	gnou	gnoi
	gneu	gnei	gnei	gny	gnau			
		gnai	gnai		gneau			

la	le	lé	lè	li	lo	lu	lou	loi
	leu	lei	lei	ly	lau			
		lai	lai		leau			

illa	ille	illé	illè	illi	illo	illu	illou	illoi

MOTS A ÉPELER.

Lorsque l'enfant ne saura pas prononcer une syllabe, il faudra la lui montrer sur le syllabé qu'il doit savoir déjà.

Pa-pa, ma-man, cou-sin, a-mi, Bâ-le, gî-te, a-mour, ma-ter-nel, gé-né-ro-si-té, cou-ra-ge, in-dé-pen-dant, re-con-nais-sant, é-co-no-mie, é-ner-gie, ci-vi-li-té, de-voir, bien-fai-sant, châ-ti-ment, fi-dé-li-té, af-fa-bi-li-té, pié-té, loy-au-té, pri-è-re, bien-fait, hu-ma-ni-té, in-gra-ti-tu-de, pro-bi-té, bon-heur, é-van-gi-le, u-ni-ver-si-té, pa-ti-en-ce, pa-ter-nel.

VOYELLES COMPOSÉES.

A *bref composé.*

ac.	Cotign*ac*, estom*ac*, Scub*ac*, tab*ac*.
ap.	b*ap*tême, B*ap*tiste, dr*ap*.
as.	lil*as*, Nicol*as*, p*as*, trép*as*.
at.	avoc*at*, il b*at*, scélér*at*, sén*at*.
ea.	il meng*ea*, rang*ea*, song*ea*, veng*ea*.
ha.	*h*abile, *h*abiter, *h*abitude.
ach.	alman*ach*.
acs.	Scub*acs*, tab*acs*.
act.	cont*act*.
ats.	avoc*ats*, déb*ats*, scélér*ats*.

A *long composé*.

as. tu b*as*, br*as*, gr*as*, taffet*as*.
ât. qu'il all*ât*, un b*ât*, dég*ât*.
aps. dr*aps*.
eât. qu'il chang*eât*, veng*eât*.
achs. alman*achs*.
acts. cont*acts*.

E *fermé composé*.

ai. j'ir*ai*, j'*ai*, je lir*ai*, m*ai* (le mois).
éc. ann*ée*, assur*ée*, députée, port*ée*.
ef. cle*f*, che*f*.
hé. *h*émorragie, *h*éritage, *h*étéroclite.
aye. je bal*aye*, je bég*aye*, j'ess*aye*.
eai. je mang*eai*, rong*eai*.
ées. arm*ées*, form*ées*, id*ées*.
efs. che*fs*, cle*fs*.
er. délivr*er*, disput*er*, ôt*er*, parl*er*.
és. degr*és*, député*s*, men*és*, oppos*és*.
ez. ass*ez*, le n*ez*.
ers. Ang*ers*, boulang*ers*, dang*ers*.
ayes. tu bal*ayes*, tu bég*ayes*, tu p*ayes*.
ayent. ils bég*ayent*, ess*ayent*, p*ayent*.

E *ouvert composé.*

ai. *a*ide, bal*ai*, dél*ai*, m*ai*son.
ep. c*ep*, s*ep*t, s*ep*tième.
ez. all*ez*, buv*ez*, parl*ez*, us*ez*.
aid. l*aid*.
ait. abstr*ait*, attr*ait*, pl*ait*, portr*ait*.
eai. démang*eai*son.
ect. asp*ect*, resp*ect*, susp*ect*.
egs. l*egs*.
ept. s*ept* mille.
et. m*et*, obj*et*, proj*et*, suj*et*.
ey. le b*ey*, le d*ey*, du F*ey*.
hait. sou*hait*.
ais. Angl*ais*, Franç*ais*, harn*ais*.
eait. il décharg*eait*, mang*eait*.
ait. il av*ait*, dis*ait*, ét*ait*, lis*ait*.

E *fort ouvert composé.*

ai. *air*, ab*ai*sser, ap*ai*sée, pl*ai*re.
ei. n*ei*ge, p*ei*ne, pl*ei*ne, s*ei*ze.
es. tu *es*, c*es*, l*es*, m*es*.
ès. acc*ès*, proc*ès*, progr*ès*, succ*ès*.
êt. acqu*êt*, arr*êt*, intér*êt*, le pr*êt*.
he. *h*erbage, *h*ercule.
êts. acqu*êts*, arr*êts*, intér*êts*, les pr*êts*.
aids. l*aids*.

aies.	pl*aies*, p*aies*, vr*aies*.
aits.	attr*aits*, f*aits*, portr*aits*, satisf*aits*.
ayes.	cl*ayes*.
aî.	m*aî*tre, n*aî*tre, p*aî*tre, tr*aî*tre.
aie.	pl*aie*, vr*aie*.
ais.	d*ais*, jam*ais*, mar*ais*, pal*ais*.
aix.	f*aix*, p*aix*, porte-f*aix*.
aye.	cl*aye*.
est.	il *est* sage.
ets.	m*ets*, obj*ets*, proj*ets*, suj*ets*.
aient.	qu'ils *aient*.
haits.	sou*haits*.
aient.	ils accord*aient*, av*aient*, ét*aient*.
eaient.	ils jug*eaient*, nag*eaient*.

I *composé, long et bref.*

hi.	enva*hi*, *hi*ver, tra*hi*.
ic.	arsen*ic*, asp*ic*.
id.	n*id*.
ie.	arab*ie*, as*ie*, établ*ie*, étud*ie*.
if.	attent*if*, can*if*.
il.	bar*il*, fus*il*, gr*il*, out*il*.
it.	il ag*it*, d*it*, espr*it*, f*it*.
is.	am*is*, av*is*, tu cr*is*, tu d*is*.
ils.	bar*ils*, f*ils*, fus*ils*, gent*ils*.
ist.	Jésus-Chr*ist*.

its.	espr*its*, hab*its*, l*its*, pet*its*.
hy.	*h*ydre, *h*ydropique, *h*ypocrite.
ît.	qu'il entend*ît*, pr*ît*, v*ît*.
ix.	d*ix*, perdr*ix*, s*ix*, pr*ix*.
ui.	v*ui*de.
hie.	enva*hie*, tra*hie*.
his.	enva*his*, tra*his*.
hit.	il enva*hit*, tra*hit*.
hît.	qu'il tra*hît*.
ics.	asp*ics*.
ids.	n*ids*.
ies.	tu étud*ies*, gén*ies*, poul*ies*.
hies.	enva*hies*, tra*hies*.
ient.	ils cr*ient*, étud*ient*, pr*ient*.

O bref composé.

ho.	*h*onnête, *h*onoré, *h*oroscope.
oc.	acr*oc*, br*oc*, cr*oc*, escr*oc*.
op.	gal*op*, sir*op*, tr*op*.
oq.	c*oq*-d'inde.
ot.	abric*ot*, cap*ot*, dév*ot*, fl*ot*, m*ot*.
hot.	*H*ottentot, ca*hot*.
oth.	G*oth*, Ostrog*oth*, Visig*oth*.

O long composé.

ao.	*A*oriste, S*aô*ne, L*a*on.
au.	*au*ssi, *au*tre, f*au*dra, s*au*ver.

eo.	geolier.
hô.	Rhône.
os.	gros, nos, repos, vos.
ôt.	aussitôt, plutôt, sitôt.
aud.	chaud, crapaud, échafaud.
aut.	défaut, il faut, saut.
aux.	animaux, les baux, faux, taux.
eau.	l'eau, marteau, taureau, vaisseau.
ocs.	acrocs, brocs, crocs, escrocs.
ots.	dévots, flots, mots, pivots.
ôts.	dépôts, suppôts.
auds.	chauds, crapauds, réchauds.
auld.	Arnauld.
ault.	Thibault, Renault.
aulx.	faulx.
auts.	défauts.
ots.	cahots, cachots.
eaux.	anneaux, moineaux, gâteaux, eaux.
oths.	Goths, Ostrogoths, Visigoths.

U bref et long composé.

eu.	il a eu.
hu.	humide, humidité, rhume.
ud.	crud, nud.
ue.	remue, rue, tuera, vue.
uë.	aiguë, ciguë.

ul.	c*ul*-de-sac, c*ul*-de-lampe.
us.	d*us*, ém*us*, pl*us*, reç*us*.
ut.	il f*ut*, p*ut*, sal*ut*, trib*ut*.
hue.	co*hue*.
uds.	cr*uds*, n*uds*.
ues.	r*ues*, v*ues*.
uls.	c*uls*-de-lampes.
uts.	sal*uts*, trib*uts*.
uent.	ils p*uent*, rem*uent*, t*uent*.

PREMIER EXERCICE MONOSYLLABIQUE,

ou

LECTURE EN MOTS D'UNE SEULE SYLLABE.

Dieu a fait le ciel et tout ce qu'on voit sous les cieux, tout ce qui est dans les eaux et en tous lieux. Il a fait le jour et la nuit.

Dieu voit tout. Il voit le bien et le mal qu'on fait. Il voit ce qui est dans nos cœurs. Dieu fait tout ce qui lui plaît. Il a fait tout ce qui est dans les airs. Il tient tous les biens dans sa main.

Dieu est le roi des rois, le saint des saints; nos vœux et nos cœurs sont ce qui lui plaît le mieux. Quand on a la foi on croit tout ce qu'il a fait pour nous.

SUJETS TIRÉS
DE LA MORALE EN ACTION.

Bien-fai-san-ce.

L'ÉCOLIER GÉNÉREUX.

Aimez les hommes parce qu'ils sont vos semblables ; embellisez votre existence de celle des autres ; étendez votre bienveillance sur tous ceux qui souffrent, afin que votre cœur soit toujours rempli de la douceur d'aimer. *Exemple* : Un élève de l'ancien collége d'Harcourt, ayant, dans une de ses promenades, rencontré un pauvre vieillard infirme, lui donna pour premier secours tout l'argent qu'il possédait, et continua de veiller à ses besoins aux dépens de ses économies.

MORALITÉ.

Donner à son prochain une noble assistance,
Sans s'attendre au retour, secourir le malheur,
C'est l'apanage d'un bon cœur
Et sa plus douce récompense.

Re-con-nais-san-ce *ou* Mé-moi-re du cœur.

LEÇON DONNÉE PAR DES ANIMAUX.

Parmi les hommes rien ne s'oublie aussi vite qu'un bienfait, lorsque les animaux les plus féroces ont en horreur l'ingratitude; témoin cet acte de touchante reconnaissance d'une lionne. Près de Buenos-Ayres, au Paraguay, dans l'Amérique-Méridionale, une femme, nommée Maldonata, est attachée à un arbre pour être dévorée par les bêtes sauvages, et s'y trouve protégée par une lionne et ses lionceaux qu'elle avait secourus autrefois : le bien trouve toujours sa récompense.

MORALITÉ.

Dans vos amusements ayez le cœur sensible ;
Ne faites point souffrir d'innocents animaux :
Ils sentent comme vous; pourquoi causer leurs maux ?
La moindre cruauté doit vous être pénible.

É-co-no-mie et dis-si-pa-ti-on.

LE CADET GÉNÉREUX.

Comme les orages rendent l'air plus pur et plus salubre, de même l'homme qui a essuyé les orages de la fortune, en vaut ordinairement mieux. Le fils aîné d'un marchand de Londres, après avoir outragé son jeune frère et dissipé un riche patrimoine, est plus tard réduit à la misère; mais il est comblé des bienfaits de ce dernier, et redevint probe et économe; car Dieu mit en nous la raison à côté des passions.

MORALITÉ.

D'un char à deux coursiers l'âme est comme le guide :
L'un est paisible et doux, l'autre vif et fougueux ;
L'un attend l'aiguillon, l'autre appelle la bride ;
L'un a besoin de l'autre, et le char de tous deux.

L'é-ner-gie.

SAINVAL ET GERVAIS.

Deux jeunes enfants, liés par une sincère amitié, cherchaient des nids dans un bois, lorsque Sainval, le plus jeune, est assailli par un loup affamé. Son ami Gervais accourt à son aide; soudain enfonçant son bras dans la gueule du loup, tandis que de l'autre main il lui assène sur la tête de violents coups de pierres, il parvint à terrasser ce terrible animal qu'ils achevèrent ensuite avec leurs couteaux. Cet acte énergique du petit Gervais sauva les jours de son ami.

MORALITÉ.

Un enfant qui craint tout à chaque instant succombe :
De ses fausses terreurs il doit se dégager,
Le trop d'attention qu'il a pour le danger,
Le plus souvent, hélas ! est cause qu'il y tombe.

Le cri-me et le châ-ti-ment.

LE JUGEMENT DE DIEU.

Aubry de Montdidier, gendarme de Charles V, avait eu une querelle très-vive en jouant à la paume avec un chevalier nommé *Macaire*; celui-ci, pour terminer le différent, eut recours à la voie des lâches, il attendit Aubry dans la forêt de Bondy et l'assassina. Reconnu ensuite par le chien de sa victime, qui le poursuivait sans relâche, il fut contraint par le roi de combattre en champ clos avec cet animal, fut étranglé par lui, et avoua son crime avant d'expirer.

MORALITÉ.

De la corruption c'est le degré suprême
Qui prend, pour se masquer, le dehors des vertus;
Mais tôt ou tard il perce et se trahit lui-même.
L'art de masquer le vice est un vice de plus.

Gé-né-ro-si-té.

LE JEUNE MARSEILLAIS ET MONTESQUIEU.

L'indolence est une espèce de lâcheté qui donne du dégoût pour tout ce qui pourrait fatiguer un peu l'esprit ou le corps : cela s'appelle *paresse*. Dieu récompense toujours les enfants laborieux. *Exemple* : Un jeune homme nommé Robert, dont le père avait été fait prisonnier par un corsaire, s'était fait, chaque jour après son travail, batelier-promeneur dans le bassin de Marseille, pour doubler son gain et compléter les 2000 écus exigés pour la rançon de son père ; il les reçut enfin des mains du baron de Montesquieu, qui récompensa ainsi sa piété filiale.

MORALITÉ.

A quoi vous servirait d'avoir de la richesse,
Si ce n'était, enfants, pour aider le prochain?
Logés, vêtus, nourris avec délicatesse,
Songez combien de gens n'ont pas même de pain.

Pi-é-té fi-li-a-le.

EXEMPLE MÉMORABLE D'AMOUR FILIAL.

Jeunes gens, c'est sur vous que porte l'espoir des races futures; un temps viendra que vous serez pères à votre tour : il est donc de l'intérêt de votre prévoyance d'apprendre, par votre docilité, à vous faire obéir dans la suite. Aimez comme vous pouvez souhaiter qu'on vous aime; soyez soumis et complaisants comme vous voudriez qu'on le fût à votre égard; imitez ces trois jeunes frères qui tirèrent au sort à qui passerait pour un grand coupable dont la tête était mise à prix, afin que les deux autres puissent soulager leur vieille mère avec la récompense promise.

MORALITÉ.

Que vous devez aimer cette maman si chère,
Qui souffrit tant pour vous, qui vous comble de soins !
Voyez comme elle sait prévenir vos besoins :
Rien ne peut égaler la bonté d'une mère.

Fi-dé-li-té in-com-pri-se.

LE CHIEN MUPHTI.

Un voyageur nommé Germeuil, avait un chien appelé Muphti qu'il aimait beaucoup; un jour s'étant arrêté dans un bois pour se reposer, il y oublia sa sacoche contenant 1200 francs; son chien s'en aperçut, et, pour en avertir son maître, se mit à sauter à la bride de son cheval; celui-ci le croyant atteint de la rage, lui déchargea son pistolet dans la tête; la pauvre bête se traîna alors jusqu'à la sacoche, où son maître, l'ayant suivie, reconnut sa tardive erreur. Que diront les gens qui n'ont pas d'amis en lisant cette histoire.

MORALITÉ. (*Qu'est-ce que l'amitié?*)
Un sentiment fondé sur les plus doux rapports,
Flatteur pour qui l'inspire, heureux pour qui l'éprouve,
Où l'on rend à son tour le charme qu'on y trouve :
L'amitié partagée *est une âme en deux corps.*

Bas-ses-se et loy-au-té.

LE GENTILHOMME ANGLAIS ET LE CORDONNIER.

La pierre de touche sert à éprouver l'or, et l'or est la pierre de touche de l'homme. Un gentilhomme anglais voulant se faire élire membre du parlement, et manquant d'une voix, vint solliciter celle d'un honnête cordonnier éligible; celui-ci, pour prix de son vote, lui fit subir plusieurs épreuves au-dessous de son rang, tel que fumer et boire au milieu de son échoppe; et termina en refusant sa voix à un homme qui cherchait à s'élever au prix de la bassesse.

MORALITÉ.

La haine universelle attend l'iniquité;
Le malheur est souvent le fruit de l'imprudence;
Les douleurs et la mort suivent l'intempérance,
Et le mépris public poursuit la lâcheté.

Dé-voue-ment pa-tri-o-ti-que.

LE SIÉGE DE CALAIS.

Edouard III, roi d'Angleterre, assiégeant Calais, força les habitants à capituler par la famine, après un blocus de onze mois; il exigea alors que six notables de la ville lui fussent livrés, la corde au cou; et malgré les prières de ses généraux et de son fils, il allait les faire exécuter, lorsque les larmes de son épouse obtinrent enfin leur grâce. Les braves Calaisiens qui se dévouaient pour le salut de leurs compatriotes, étaient Eustache de Saint-Pierre, Jean d'Aire, Jacques et Pierre Wisants leurs parents, et deux autres dont l'histoire n'a pas conservé les noms.

MORALITÉ. (*Comment un sacrifice est-il méritoire?*)

S'il sert à la patrie, à la société :
Tout œuvre, sans ce but, est une œuvre stérile.
Pour être vertueux, servons l'humanité;
Le sacrifice est nul quand il n'est pas utile.

Hu-ma-ni-té.

ANECDOTE FRANÇAISE. (Précédée d'une fable.)

Un enfant s'admirait, monté sur une table :
Je suis grand, disait-il. Quelqu'un lui répondit :
Descendez, vous serez petit.
Quel est l'enfant de cette fable?
Le riche qui s'énorgueillit.

Mieux vaut, si l'on est riche, imiter M. de Salo, conseiller au parlement; il fut durant la famine de 1662, arrêté dans la rue par un homme qui lui demanda en tremblant *la bourse ou la vie*. M. de Salo obéit aussitôt, et fit suivre cet homme par son domestique; s'étant assuré qu'il était père de famille et que la faim seule l'avait poussé à cette extrémité, il prit soin de lui et des siens.

MORALITÉ.

Remplir tous ses devoirs, craindre et fuir tous les vices,
N'est point encore assez pour le bon citoyen ;
En faisant ce qu'on doit on est homme de bien ;
Mais on n'est vertueux que par des sacrifices.

La pri-è-re dans le mal-heur.

JEAN ET MARIE.

Un marchand nommé Jean Maurice, s'étant embarqué pour les Indes avec sa femme et ses deux enfants, fit naufrage sur les côtes de la Guyanne. Maurice se sauva sur une planche, et aborda loin de ses compagnons, qui furent jetés sur le rivage avec un gros livre de prières, dans lequel les enfants puisèrent leurs premières connaissances, et qui les aida plus tard à retrouver leur père sur lequel était inscrit le nom; l'épouse de Maurice avait vécu! mais Dieu ne voulut pas abandonner Jean et Marie, qui, quoiqu'enfants, ne manquèrent pas un seul jour d'avoir recours à lui.

MORALITÉ.

Dieu peut tout, mes enfants. Il faut par la prière
Vers cet être puissant élever votre cœur;
Car c'est lui qui du pauvre adoucit la misère,
Et qui du malheureux console la douleur.

A-mour fra-ter-nel.

ANECDOTE PORTUGAISE.

En 1585, des troupes portugaises qui passaient dans les Indes firent naufrage. Une partie aborda dans le pays des Caffres, et l'autre se mit à la mer dans une barque construite des débris du vaisseau. Le pilote s'apercevant que le bâtiment était trop chargé, avertit que l'on va couler à fond si l'on ne jette plusieurs personnes à la mer ; un jeune homme, pour sauver son frère que le sort avait désigné à la mort, demanda d'être jeté à la mer à sa place, et suivit la barque à la nage pendant six heures, puis le calme revenant ils furent tous sauvés.

MORALITÉ.

Combien on doit aimer ses frères et ses sœurs!
Que ces liens sont doux! Ensemble dès l'enfance,
Unis par les devoirs, unis par la naissance,
Où trouver des amis et plus sûrs et meilleurs!

La bour-se du pas-teur.

L'AMI FIDÈLE.

Un pauvre *honteux* recevait chaque semaine de la paroisse le pain nécessaire à sa subsistance ; il en fit demander davantage, et fut forcé d'avouer qu'il avait un chien pour compagnon. Il dit alors au pasteur qui l'interrogeait à ce sujet : *Si l'on exige que je me sépare du seul ami qui me soit resté fidèle, qui donc alors m'aimera ?* Le bon pasteur, attendri jusqu'aux larmes, tire aussitôt sa bourse et la lui donne, en disant : Prenez, monsieur, ceci m'appartient.

MORALITÉ.

Simple pour soi, pour autrui magnifique,
Lorsqu'il ouvre au malheur et son cœur et sa main,
Comment nommer ce pasteur plus qu'humain ?
Une félicité publique.

Le vrai bon-heur.

ALIBÉE ou LA FIDÉLITÉ A L'ÉPREUVE.

Les ambitieux et les avares, acteurs toujours inquiets et en mouvement, jouent un rôle pénible et fatiguant sur le théâtre du monde ; les sages en sont les spectateurs tranquilles. Arraché à la condition de berger pour occuper un rang distingué à la cour, Alibée conserva toujours près de lui les attributs de sa première profession, pour entretenir sans cesse dans son cœur le souvenir de son enfance ; il mourut premier ministre et pauvre en regrettant constamment sa vie champêtre, mille fois préférable à l'intrigue des cours contre laquelle il avait dû lutter.

MORALITÉ.

Oui, pour notre salut Dieu nous donna sans doute
Le désir d'être heureux, la crainte de souffrir ;
Mais un faux bien qu'on aime, un faux mal qu'on redoute
Nous en ferment la voie au lieu de nous l'ouvrir.

Un bien-fait n'-est ja-mais per-du.

LE LION D'ANDROCLÈS.

L'esclave d'un proconsul, nommé Androclès, s'échappa un jour pour fuir la brutalité de son maître ; il vint se réfugier dans un antre profond, qui servait de retraite à un lion formidable ; cet animal rentra un instant après, ayant une épine dans la patte, et Androclès, revenu de son premier effroi, lui arrache cette épine et le soigne jusqu'à ce qu'il soit entièrement guéri. Quelques années plus tard, dans un arène de Rome, il devait servir de pâture aux bêtes féroces ; mais reconnu par le lion qu'il avait secouru, il n'en éprouva que des caresses, et obtint sa liberté.

MORALITÉ.

Suis le penchant qui te porte aux bienfaits
Durant le cours de ta jeunesse ;
Songe qu'alors tout le bien que tu fais
Sera l'honneur de ta vieillesse.

No-bles-se de sen-ti-ment.

LE DUEL GÉNÉREUX.

Un homme ne doit jamais rougir d'avouer qu'il a tort ; car, en faisant cet aveu, il prouve qu'il est plus sage aujourd'hui qu'il n'était hier. *Exemple* : Un gentilhomme ayant refusé un duel, son adversaire va l'attendre dans une rue déserte pour le forcer au combat, et lui présente un pistolet ; le sort veut que ce soit l'agresseur qui tire le premier ; son exaltation lui fait manquer son coup ; le gentilhomme lui permet de recommencer ; la colère nuit encore à son projet, alors celui-ci lui fait grâce de la vie.

MORALITÉ.

Offensez-vous quelqu'un, votre orgueil se refuse
A demander pardon de votre emportement.
Eh ! pourquoi donc rougir de ce beau mouvement ?
La honte est dans l'offense, et non pas dans l'excuse.

No-ble ven-gean-ce.

BELLE VENGEANCE D'UN JEUNE SOLDAT.

Au siége de Namur, un sous-officier qu'on appelait Union fut blessé à la cuisse, et allait être foulé sous les pieds des combattants ; il implore la pitié d'un soldat nommé Valentin, son véritable ennemi ; celui-ci, n'écoutant que son bon cœur, le prend, le charge sur ses épaules, et le porte sur les hauteurs de l'abbaye de Salsize, où un boulet de canon le tua lui-même sans toucher à l'officier ; ce dernier voyant celui qu'il avait tant fait souffrir, qui venait encore de perdre la vie pour lui, expira de douleur le lendemain.

MORALITÉ.

Soyons justes, prudents, tempérants, courageux ;
De ces quatre vertus naîtront toutes les nôtres ;
De la société l'une affermit les nœuds,
Le bonheur personnel est le prix des trois autres.

Pro-bi-té.

L'HONNÊTE PORTIER.

La vie est courte. Les malheureux doivent prendre le parti de souffrir avec patience, comme des voyageurs qui trouvent un mauvais gîte où ils ne doivent pas séjourner long-temps; néanmoins il est possible à tout homme de laisser un souvenir de son passage en ce monde, par une action noble, quelque soit la classe où il eût vécu; témoin ce portier d'un collége de Milan, qui trouvant un sac de 200 écus, courut le rendre à son maître. Celui-ci lui en présenta 20 pour sa récompense; le portier refusa d'en accepter un seul; le maître de l'argent dit aussitôt : Je n'ai rien perdu, ce n'est pas mon argent, puisque vous ne voulez rien recevoir. Le portier prit 5 écus qu'il distribua aux pauvres.

MORALITÉ.

J'ai vu quelques enfants avec subtilité
Vouloir tricher au jeu, tromper dans leurs échanges!
C'est pour rire dit-on. Badinages étranges!
C'est, tout en badinant; manquer de probité.

Le phi-lan-tro-pe.

L'HOMME BIENFAISANT APRES SA MORT.

Travaillez pour l'avenir, songez au sort de vos neveux, bannissez l'égoïsme de votre cœur, imitez le philantrope dont la reconnaissance des voyageurs nous a transmis le nom. Non loin de Delphes, l'homme altéré et luttant contre la fatigue causée par un sable brûlant, pouvait se reposer en lisant sur un modeste tombeau, au bord d'une fontaine : « Ici reposent les cendres d'Amyntas ; sa vie entière ne fut qu'une chaîne de bienfaits. Voulant encore faire du bien long-temps après sa mort, il conduisit cette source en ce lieu et y planta ces arbres. »

MORALITÉ.

Comme de son urne penchée
La source, en se cachant, laisse couler ses flots,
Qu'ainsi coulent vos dons, répandus à propos ;
Mais que la main reste cachée.

Le cou-ra-ge dé-sin-té-res-sé.

BIENFAISANCE INTRÉPIDE D'UN PAYSAN.

On ne doit pas être fâché qu'un autre fasse bien ; on peut l'être de ne pas faire encore mieux : c'est l'innocente jalousie, ou plutôt la louable émulation d'un esprit sage et raisonnable ; il faut donc chercher constamment à imiter les actes de bienfaisance et de dévouement, et ne jamais fermer nos oreilles aux cris de la douleur. *Exemple :* Le feu ayant pris dans un village de la Fionie, en Danemarck, un paysan, sans songer à ses propres intérêts, sauve du milieu des flammes un de ses voisins qu'il savait malade au lit. La chambre économique de Copenhague décerna une honorable récompense à ce bon sauveteur.

MORALITÉ.

Ne vous plaignez jamais de la difficulté :
Il n'est rien, mes enfants, que l'on ne puisse faire ;
Si l'on veut se donner la peine nécessaire,
Le succès suit toujours la bonne volonté.

L'af-fa-bi-li-té.

FRANÇOIS Iᵉʳ ET LE BRACONNIER.

François Iᵉʳ s'étant égaré à la chasse, entra vers les neuf heures du soir dans la cabane d'un charbonnier, qui, malgré les lois rigoureuses contre le braconnage, le régala d'un excellent morceau de sanglier, en se récriant sur l'iniquité de cette défense. François Iᵉʳ l'approuva, dormit bien. Le lendemain il se fit connaître, paya son hôte, et lui permit de chasser. Dans cette circonstance s'il cessa d'être roi pour devenir homme juste, cette page n'est pas la moins belle de sa vie.

MORALITÉ.

Vivre, c'est naviguer à travers les orages
Sur une mer perfide et féconde en naufrages.
Assise au gouvernail, la Fortune à son gré
Dirige des vaisseaux le cours mal assuré.
L'un vogue en paix; les flots à l'autre font la guerre;
Tous vont au même port. Ce port est sous la terre.

L'ar-gent du ven-du.

LE BON FILS.

Un jeune homme dont le père était retenu en prison pour dettes, fut trouver M. D...., qui faisait des recrues sur sa route en rejoignant son régiment; il se vendit, et courut à la prison payer la liberté de son père; mais M. D...., qui s'était aperçu que des larmes roulaient dans les yeux de l'homme qu'il venait d'enrôler, le suivit pour en savoir le motif; il arriva en même temps que lui dans le cachot de son père; il sut tout, et abandonna sur lui tous ses droits, en lui faisant cadeau d'une somme si noblement employée.

MORALITÉ.

Comme devant mourir, use, ami, de ton or;
Comme étant mortel, ménage ton trésor.
Voilà les deux bassins où le sage balance
Et l'argent qu'il épargne, et l'argent qu'il dépense.

La dot bien em-ploy-ée.

L'HIVER DE 1830.

Dans un des départements riverains de la Loire, une jeune mariée engage son époux, le lendemain de leur mariage, à consacrer sa dot au soulagement des pauvres mariniers retenus par les glaces et éloignés du rivage; ils coururent alors pendant plusieurs jours, au milieu des plus grands dangers, porter des secours à ces malheureux, qui désespéraient que personne ne puisse leur venir en aide. Ces époux généreux, qui vivent encore, ont vu depuis ce jour les bénédictions du ciel protéger leur hymen.

MORALITÉ.

De ton or que ton coffre est un mauvais gardien!
On le force, on le pille, hélas! tu n'as plus rien.
Ah! dans le sein du pauvre enfouis tes richesses;
Qui pourrait dans ce fort enlever tes largesses?
L'argent donné te reste : à Dieu tu l'as prêté;
Dieu le garde en dépôt dans son éternité.
Chaque miette du pain dont tu nourris ton frère,
Centuple de ton fonds l'intérêt usuaire.

LA PIÉTÉ D'UN PÊCHEUR.

CONTE.

Un pauvre homme vivait du produit de sa pêche.
Il lance un jour sa ligne, et croit prendre un poisson :
Le crâne d'un noyé pendait à l'hameçon.
Saisi d'un saint respect, sa main, faute de bêche,
Creuse un tombeau tout simple. Il découvre un trésor.
Enfant, la piété vaut encor mieux que l'or.

LA VIGNE ET LE JARDINIER.

FABLE.

Aie! vous me blessez, s'écriait en se débattant une jeune vigne à un vieux jardinier, qui l'émondait et l'attachait à un échalas. Quelle cruauté de me tourmenter de la sorte! et surtout pourquoi me garotter à ce vilain pieu qui va flétrir mes tendres bourgeons? Croyez-vous que je ne saurais me soutenir toute seule? bon, à votre âge; mais au mien, je n'ai sûrement pas encore besoin de béquilles. — Ma fille, reprit le bonhomme, vous êtes trop jeunette encore pour savoir distinguer ce qui vous est utile d'avec ce qui vous est nuisible; laissez-moi faire, vous n'aurez pas lieu de vous en repentir. Tenez, regardez là-bas, le long de ce treillage, vos sœurs et vos compagnes, rangées docilement ensemble, seraient-elles aussi belles et aussi fleuries sans le joug salutaire que je leur ai imposé? — Taisez-vous, finissez, répliqua l'arbrisseau : vous êtes un barbare de me mettre ainsi à la gêne.

A ces mots, la vigne indocile rompit ses liens, et s'étendit çà et là suivant ses caprices. Sa liberté prématurée lui devint fatale; car étant tombée bientôt, faute de son appui ordinaire, elle rampa sur l'herbe humide, où elle fut foulée aux pieds des passants.

La jeunesse inexpérimentée croit pouvoir se suffire à elle-même; quel aveuglement! Faible, ignorante, sujette à mille besoins, entourée de dangers sans qu'elle s'en doute, que deviendrait-elle, privée des conseils et des secours de ses instituteurs.

LE PETIT OISELEUR.

DIALOGUE.

ÉDOUARD, *entrant avec précipitation.*

O ma mère! ma mère! vois, je t'en prie, le joli petit oiseau! qu'il est gentil!

LA MÈRE.

Qui te l'a donné?

ÉDOUARD.

Moi-même; je l'ai pris dans son nid.

LA MÈRE.

Et qu'as-tu vu dans son nid?

ÉDOUARD.

Il était rempli de petits oiseaux qui ouvraient le bec : ils étaient si petits, si petits! ils n'avaient pas encore de plumes.

LA MÈRE.

Et que feras-tu de ton oiseau?

ÉDOUARD.

Je le mettrai dans une cage et je l'attacherai à la fenêtre.

LA MÈRE.

Et ensuite?

ÉDOUARD.

Je lui donnerai de la graine, du sucre, des biscuits, du lait, tout ce qu'il voudra.

LA MÈRE.

Et ses petits?

ÉDOUARD.

Oh! je vais les chercher, et je les mettrai aussi dans la cage.

LA MÈRE.

Fort bien, mon ami. Mais j'ai une crainte dans ce moment-ci : c'est qu'on ne vienne te chercher toi-même.

ÉDOUARD.

Et pourquoi?

LA MÈRE.

Pour aller tenir compagnie à ton père.

ÉDOUARD.

Où est-il donc?

LA MÈRE.

Hélas! dans un espèce de trou qu'on appelle prison : on l'y a conduit de par le roi, et il doit y demeurer toute sa vie.

ÉDOUARD, *effrayé et pleurant.*

Oh! que le roi est méchant!

LA MÈRE.

Pourquoi, méchant? il ne veut pas vous faire de mal; vous aurez tout ce que vous pourrez désirer; seulement vous ne sortirez pas; vous ne me reverrez plus, vous ne reverrez plus votre jardin.... Tu pleures, mon ami?.... Observe pourtant, mon cher Edouard, que le roi ne fait pour toi que ce que tu fais pour l'oiseau.

ÉDOUARD, *pleurant et laissant échapper l'oiseau.*

Je ne veux plus de mon oiseau.

LA MÈRE.

Viens, mon enfant, que je t'embrasse. Ecoute-moi, c'est pour ton bien que je t'ai donné cette frayeur; ton père n'est point en prison; personne ne viendra te chercher; je voulais seulement te faire sentir qu'il est cruel de rendre malheureux un pauvre animal qui ne t'a rien fait.

Dans le moment où tu l'as pris, il était aussi triste que toi, et la cage était pour lui ce que la prison est pour toi. La liberté est aussi chère aux animaux qu'à nous, et il y a de la cruauté à la leur ravir sans nécessité : n'est-il pas vrai, mon fils, que tu n'y avais pas pensé?

ÉDOUARD.

Oh! non, maman, en vérité, je n'y avais pas pensé.

LA MÈRE.

Tu y penseras une autre fois, et n'oublie jamais que Dieu a créé les animaux, comme nous, pour qu'ils soient heureux, et que celui qui les tourmente sans nécessité, ne mérite pas les bontés de Dieu.

JULIE DE SAINT-PREUX,

ou

LES EFFETS DE L'IGNORANCE.

CONTE.

Il faut que l'on travaille, il faut que l'on se gêne,
    Et tôt ou tard de cette peine
    Le talent sait bien nous payer.
    Ainsi le serin volage
    Ne doit souvent qu'à sa cage
    Le charme de son gosier.
    Julie, hélas! triste Julie,
    Vous dédaignâtes ces avis,
    Pleurez, pleurez votre folie,
Moi je vais la conter à mes petits amis.
    Fille d'un jeune militaire,
Elle avait chaque jour, sous les yeux de sa mère,
    Maître de chant, de clavecin;

Maître d'histoire, de dessin ;
Puis un peu de géographie,
Puis la danse. Mais pour Julie,
Ces leçons, ces soins assidus
Étaient leçons et soins perdus.
Pour la piquer d'honneur, sa mère, bien chagrine,
A l'aimable et pauvre Céline
Faisait partager des leçons,
Que Julie éludait par vingt sottes raisons,
Tandis que la jeune orpheline,
Laborieuse, habile, y faisait des progrès,
Qui de la tendre mère augmentaient les regrets.
Hélas ! ma fille, disait-elle,
Par tant d'indifférence et de légèreté,
Par ta négligence cruelle,
Combien mon cœur est tourmenté ;
Songe quel chagrin pour ton père,
Quand ici de retour (il était à la guerre),
Malgré tant de dépenses et mes soins vigilants,
Il va te trouver sans talents !
Elle parlait encore ; on annonce Labrie.
C'était le fidèle valet
De Saint-Preux, père de Julie.
En détournant la tête il présente un billet.....
— Eh bien, Labrie, eh bien, ton maître ?
Il te suit ! et dans peu sans doute va paraître ?
— Hélas ! lisez madame. — O Dieu !
D'un époux expirant c'est le dernier adieu.
Oui, Saint-Preux était mort. Pour comble d'infortune,
Sa veuve en proie à la douleur,
Sans parents, sans amis, et bientôt sans fortune,
Succombe enfin à son malheur.
Et voilà Julie orpheline,
Dans le plus affreux dénuement.
Il ne lui reste que Céline,

Céline et son attachement.
Epris de ses talents, touché de sa sagesse,
Un homme riche offrit d'en devenir l'époux;
Il offrit toute sa richesse.
Un tel choix pour Julie aurait été bien doux.
Mais trop heureuse encor de trouver une amie.
De Céline, aujourd'hui dans la prospérité,
Julie est, malgré sa fierté,
Demoiselle de compagnie.

MORALE.

L'étude instruit l'enfance, embellit la vieillesse,
Augmente le bonheur, console la détresse;
Et contre l'ignorance armant la vérité,
Aux piéges de l'erreur oppose sa clarté.

FIN.

ÉPINAL, IMPRIMERIE DE PELLERIN.

www.ingramcontent.com/pod-product-compliance
Lightning Source LLC
Chambersburg PA
CBHW060936050426
42453CB00009B/1026